AF467744

DES PERTES

QU'OCCASIONERA A L'ÉTAT

L'EMPRUNT DE 120 MILLIONS

ADJUGÉ AU PRIX DE 84 FR. POUR 5 FR.,

ET

DES MOINDRES PERTES COMPARATIVES QUE LUI AURAIT OCCASIONÉ

CET EMPRUNT,

FAIT SUR D'AUTRES VALEURS,

A DES TAUX D'INTÉRÊTS

MÊME BIEN SUPÉRIEURS

A CELUI QUI RÉSULTE DE CE TAUX D'ADJUDICATION.

PARIS. — IMPRIMERIE DE COSSON,
Rue Saint-Germain-des-Prés, n° 9.

DES PERTES

QU'OCCASIONERA A L'ÉTAT

L'EMPRUNT DE 120 MILLIONS

ADJUGÉ AU PRIX DE 84 FR. POUR 5 FR.,

ET

DES MOINDRES PERTES COMPARATIVES QUE LUI AURAIT OCCASIONÉ

CET EMPRUNT,

FAIT SUR D'AUTRES VALEURS,

A DES TAUX D'INTÉRÊTS

MÊME BIEN SUPÉRIEURS

A CELUI QUI RÉSULTE DE CE TAUX D'ADJUDICATION;

PAR ARMAND SÉGUIN,

DE L'INSTITUT.

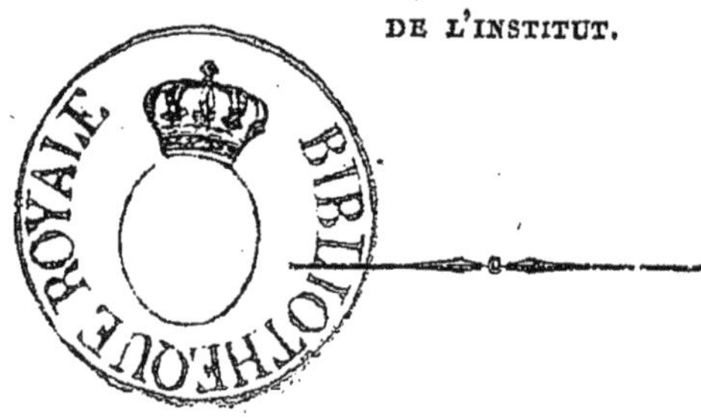

PARIS.

AVRIL 1831.

AVANT-PROPOS.

Une seule soumission a été présentée pour l'emprunt de 120 millions; elle ne s'élevait qu'à 82 fr. 10 c. pour 5 fr.; le *minimum* du ministre était de 84 fr. pour 5 fr. La séance a donc été levée sans adjudication. Le soir, le ministre et les quinze banquiers composant la compagnie soumissionnaire se sont rapprochés, et, définitivement, l'adjudication a eu lieu en faveur de cette compagnie, au prix de 84 fr. pour 5 fr.

Dans cette position, il est possible de fixer, immédiatement, le résultat de cet emprunt.

Tel est le but de ce dernier écrit.

Comme tout annonce que de nouveaux emprunts vont succéder à celui-ci, je joindrai à ce travail des combinaisons tendant à prouver que ces nouveaux emprunts pourraient être faits de préférence, et avec avantage, sur d'autres valeurs, même à des taux d'intérêt bien supérieurs à celui qui résulte d'une adjudication, 5 pour cent, au taux de 84 fr. pour 5 fr. Dans ce but, je présenterai successivement les résultats déduits d'un même emprunt de 120 millions, fait à l'intérêt de 6, de 7, de 8 et de 9 pour o/o, sur des 6, des 7, des 8 et des 9 pour cent, négociés et éteints au pair, soit par amortissement, soit par remboursement.

Il résultera de ce rapprochement, que ces dernières combinaisons d'emprunt auraient présenté des résultats moins dommageables pour l'État que toutes les combinaisons sur des

5 pour cent, négociés à un taux d'intérêt supérieur, de quelque fraction minime que ce puisse être, au taux de l'intérêt légal; d'où il résultera encore que dans le but d'éviter ou d'amoindrir ce genre de dommage il faudra, pour l'avenir, s'assujettir à n'emprunter qu'au pair sur les 5 pour cent dont la création est autorisée, ou solliciter des chambres une substitution, à cette possibilité de création, d'une possibilité de création de rentes 5 1/4, 5 1/2, 5 3/4 etc. pour cent, qu'on ne pourait négocier et rembourser qu'au pair, sans autre augmentation de capital que des primes ou des lots.

Malheureusement, on n'a pas jusqu'ici médité assez sérieusement et assez profondément sur cette matière, pour apprécier sainement et utilement l'influence, réciproque entr'elles, de ses diverses bases.

Peu à peu, sans doute, nous y arriverons.

Espérons-le d'autant plus qu'il en est bien temps.

Déjà le mal est grand, et le point de mire où peuvent nous conduire nos fautes financières, trop réelles et trop prépondérantes, est maintenant trop rapproché pour que, sans risques imminens, on puisse encore ajourner les mesures à prendre pour s'occuper efficacement de cette branche administrative si importante.

DES PERTES

QU'OCCASIONERA A L'ÉTAT

L'EMPRUNT DE 120 MILLIONS

ADJUGÉ AU PRIX DE 84 FR. POUR 5 FR.,

ET

DES MOINDRES PERTES COMPARATIVES QUE LUI AURAIT OCCASIONÉ

CET EMPRUNT,

FAIT SUR D'AUTRES VALEURS,

A DES TAUX D'INTÉRÊTS

MÊME BIEN SUPÉRIEURS

A CELUI QUI RÉSULTE DE CE TAUX D'ADJUDICATION.

GÉNÉRALEMENT, le gouvernement ne devrait se déterminer à emprunter que quand il aurait la conviction qu'il lui serait plus facile, et qu'il serait moins dommageable pour les contribuables, de satisfaire ses besoins par voie d'emprunt que par voie d'impositions nouvelles.

La plus grande facilité, par voie d'emprunt, est peu contestable, surtout avec la possibilité qu'on a de choisir les combinaisons les plus favorables à la réalisation.

Quant au plus ou au moins de dommages pour les contribuables, il existe deux moyens d'arriver à cette solution.

Moyens d'établir la perte des emprunts sous l'aspect de l'État, considéré comme unité.

Dans ce but, il faut assimiler l'État à un individu mandataire des contribuables, et établir la perte ou le bénéfice résultans de l'emprunt pour cet individu mandataire. Reportant ensuite ce résultat sur l'ensemble des contribuables, on aura le chiffre de la perte ou du bénéfice de cet ensemble.

Si enfin, secondairement, on voulait apprécier, au moins approximativement, cette perte ou ce bénéfice pour chaque contribuable, pris isolément, on le pourrait en appliquant, proportionnellement, ce chiffre de perte ou de bénéfice à leurs charges respectives, représentées par leurs cotes d'impositions.

Moyens d'établir directement la perte des emprunts sous l'aspect de chaque tête de contribuables à cote, dans leur état d'isolement.

Pour résoudre une semblable pose de question, il faut, eu égard aux contribuables, considérer l'emprunt comme l'équivalent d'une absence de débours instantanés qu'auraient eu à faire les contribuables, et par suite établir la somme que cette absence de débours représenterait, en capital et intérêts, à l'achèvement de la libération de l'emprunt; puis, balancer le compte des jouissances, et le compte des débours annuels qu'aurait nécessité l'emprunt, pour satisfaire au service des arrérages et de la puissance de libération.

Enfin, appliquer, proportionnellement, le chiffre de cette balance à celui de chacune des cotes des contribuables.

OBSERVATIONS SUR CES DEUX PROPOSITIONS.

Dans l'établissement du chiffre de chacune de ces deux natures d'aspect, il y a cette différence que, sous l'aspect du gouvernement mandataire, les comptes à établir doivent être régis par le taux de l'intérêt du rachat pour libération, parce que c'est là le taux auquel le gouvernement peut faire valoir ses fonds disponibles en réserve, et celui auquel il doit se soumettre pour satisfaire à ses besoins de service, relativement aux arrérages et à la puissance de libération.

Tandis que sous l'aspect des contribuables isolés, les comptes de la balance sont forcément régis par le taux de l'intérêt légal, parce que c'est le taux qui de même régit toutes leurs opérations actives ou passives.

On conçoit de là que si le taux de l'intérêt des rachats pour libération dépasse le taux de l'intérêt légal, la fixation de la position des contribuables, réduite de celle du gouvernement mandataire, leur sera moins dommageable que cette fixation déduite directement, et par isolement, de leurs comptes particuliers, et *vice versâ*.

Les propositions suivantes jetteront une nouvelle clarté sur ces données.

RÉSULTATS

DE L'EMPRUNT DE 120 MILLIONS,

ADJUGÉ A 84 FR. POUR 5 FR.

Sous l'aspect de la perte qui en résultera pour l'État.

Encaissement de l'emprunt.

120,000,000 fr.

Arrérages de l'emprunt.

7,143,000 fr.

Taux de l'extinction.

92 fr. pour 5 fr. *

* Taux intermédiaire entre le taux constitué et le taux de négociation.

Taux d'intérêt de cette base d'extinction.

---

5 $\frac{435}{1000}$ pour 170.

Puissance de libération fixée par le projet de loi.

1,200,000 fr.

Débours pour le service des arrérages et de la puissance de libération.

8,343,000 fr.

Durée de la libération.

---

36 années, 8 mois, 4 jours.

Somme des jouissances au moment de l'achèvement de la libération *.

834,700,000 fr.

Somme des dépenses au moment de l'achèvement de la libération **.

914,290,000 fr.

---

* Les 140 millions de l'encaissement de l'emprunt sont calculés ici, pendant 36 années, 8 mois, 4 jours, à l'intérêt du rachat de 5 $\frac{435}{1000}$ pour o/o.

** Les 8,259,000 fr. de débours annuels, qui conséquemment se renouvellent tous les ans, sont calculés ici, pendant 36 années, 8 mois, 4 jours, à l'intérêt du rachat de 5 $\frac{435}{1000}$ pour o/o,

Balance entre le compte des jouissances et le compte des dépenses.

A l'achèvement de la libération, le compte des dépenses excède le compte des jouissances de

79,590,000 fr.

C'est-à-dire d'une somme qui doit être représentée par le chiffre 67 pour o/o de l'encaissement de l'emprunt.

RÉSULTATS

DE L'EMPRUNT DE 120 MILLIONS,

AU PRIX D'ADJUDICATION DE 84 FR. POUR 5 FR.,

Sous l'aspect de la perte qui en résultera pour les contribuables.

Encaissement de l'emprunt.

120,000,000 fr.

Arrérages de l'emprunt.

7,143,000 fr.

Taux de l'extinction.

92 fr. pour 5 fr. *

* Terme intermédiaire entre le taux constitué et le taux de négociation.

Taux de l'intérêt de cette base d'extinction.

5 $\frac{435}{1000}$ pour o/o.

Puissance de libération fixée par le projet de loi.

1,200,000 fr.

Débours pour le service des arrérages et de la puissance de libération.

8,343,000 fr.

Durée de la libération.

36 années, 8 mois, 4 jours.

*Somme d'absence de débours pour les contribuables *.*

718,500,000 fr.

* Les 120 millions que, sans emprunt, les contribuables

Somme des dépenses à l'achèvement de la libération *.

832,140,000 fr.

Balance entre le compte des jouissances et le compte des dépenses.

A l'achèvement de la libération, le compte des dépenses excède le compte des jouissances, de

113,640,000 fr.

C'est-à-dire de près 95 pour 0/0 de l'encaissement de l'emprunt.

auraient été obligés de payer immédiatement, sont calculés ici, pendant 36 années, 8 mois, 4 jours, au taux de l'intérêt légal.

* Les 8,259,000 de débours annuels qui, conséquemment, se renouvellent tous les ans, sont calculés ici, pendant 36 années, 8 mois, 4 jours, à l'intérêt du taux légal.

RÉSULTATS

DE L'EMPRUNT DE 120 MILLIONS,

DANS LA SUPPOSITION D'UNE ADJUDICATION A 100 FR. POUR 5 FR.

Encaissement de l'emprunt.

120,000,000 fr.

Arrérages de l'emprunt.

6,000,000 fr.

Taux de l'extinction.

100 fr. pour 5 fr.

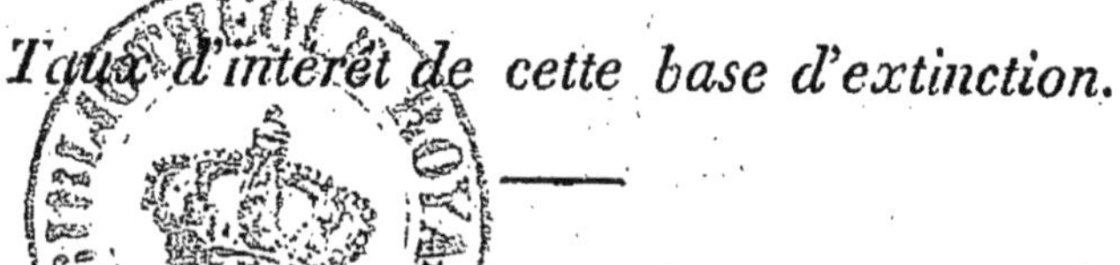

Taux d'intérêt de cette base d'extinction.

5 pour o/o.

Puissance de la libération fixée par la loi.

1,200,000 fr.

Somme de la libération.

120,000,000. fr.

Débours pour le service des arrérages de la puissance de libération.

7,200,000 fr.

Durée de la libération.

36 années 8 mois 19 jours.

Somme des jouissances à l'achèvement de la libération *.

719,900,000 fr.

* Les 120 millions d'encaissement de l'emprunt sont

Somme des dépenses à l'achèvement de la libération *.

719,900,000 fr.

Balance entre le compte des jouissances et le compte des dépenses.

A l'achèvement de la libération, le compte des jouissances balance exactement le compte des dépenses.

Cette combinaison d'emprunt n'occasionne donc aucune perte.

calculés ici pendant 36 années, 8 mois, 19 jours, à l'intérêt d'extinction de 100 fr. pour 5 fr.

* Les 7,200,000 fr. de débours annuels, qui conséquemment se renouvellent tous les ans, sont calculés ici pendant 36 années, 8 mois, 19 jours, à l'intérêt du rachat de 100 fr. pour 5 fr.

EMPRUNT COMPARATIF

DE 120 MILLIONS, FAIT A L'INTÉRÊT DE 6 P. 0/0, SUR DES 6 POUR CENT, NÉGOCIÉS ET ÉTEINTS AU PAIR, PAR AMORTISSEMENT OU PAR REMBOURSEMENT.

Encaissement de l'emprunt.

120,000,000 fr.

Arrérages de l'emprunt.

7,200,000 fr.

Taux de l'extinction.

Au prix de 100 fr. pour 6 fr.

Taux de l'intérêt de cette base d'extinction.

---

6 pour 0/0.

Puissance de libération fixée par la loi.

1,200,000 fr.

Somme de la libération.

120,000,000 fr.

Débours pour le service des arrérages et de la puissance de libération.

8,400,000 fr.

Durée de la libération.

---

28 années 9 mois 14 jours.

Somme des jouissances à l'achèvement de la libération *.

840,300,000.

Somme des dépenses à l'achèvement de la libération **.

840,300,000 fr.

Balance entre le compte de jouissance et le compte de dépenses.

A l'achèvement de la libération, le compte des jouissances balance exactement le compte des dépenses.

* Les 120 millions de l'encaissement de l'emprunt sont calculés ici, pendant 28 années, 9 mois, 14 jours, à l'intérêt de 6 pour o/o.

** Les 8,400,000 fr. de débours annuels, qui conséquemment se renouvellent tous les ans, sont calculés ici, pendant 28 années, 9 mois, 14 jours, à l'intérêt du rachat de 6 pour o/o.

EMPRUNT COMPARATIF

DE 120 MILLIONS, AU TAUX D'INTÉRÊT DE 7 POUR 0/0, SUR DES 7 POUR CENT, NÉGOCIÉS ET ÉTEINTS AU PAIR DE 100 FR. POUR 7 FR., PAR AMORTISSEMENT, OU PAR REMBOURSEMENT.

Encaissement de l'emprunt.

120,000,000 fr.

Arrérages de l'emprunt.

8,400,000 fr.

Taux de l'extinction.

Au pair de 100 fr. pour 7 fr.

Taux de l'intérêt de cette base d'extinction.

---

7 pour 0/0.

Puissance de libération fixée par la loi.

1,200,000 fr.

Débours pour le service des arrérages et de la puissance de libération.

9,600,000 fr.

Durée de la libération.

---

30 années 8 mois 26 jours.

*Somme des jouissances, à l'achèvement de la libération *.*

960,400,000 fr.

---

*Sommes des dépenses, à l'achèvement de la libération **.*

960,400,000 fr.

Balance entre le compte des jouissances et le compte des dépenses.

A l'achèvement de la libération, le compte des jouissances balance exactement le compte des dépenses

* Les 120 millions de l'encaissement de l'emprunt sont calculés ici, pendant 30 années, 8 mois, 26 jours, à l'intérêt du rachat de 7 p. o/o.

** Les 9,600,000 millions de débours annuels, qui, conséquemment, se renouvellent tous les ans, sont calculés ici, pendant 30 années, 8 mois, 26 jours, à l'intérêt du rachat de 7 p. o/o.

EMPRUNT COMPARATIF

DE 120 MILLIONS AU TAUX D'INTÉRÊT DE 8 POUR 0/0, SUR DES 8 POUR CENT, NÉGOCIÉS ET ÉTEINTS AU PAIR DE 100 FR. POUR 8 FR.

Encaissement de l'emprunt.

120,000,000 fr.

Arrérages de l'emprunt.

9,600,000 fr.

Taux de l'extinction.

Au pair de 100 fr. pour 8 fr.

Taux de l'intérêt de cette base d'extinction.

8 pour o/o.

Puissance de libération fixée par la loi.

1,200,000 fr.

Somme de libération.

120,000,000 fr.

Débours pour le service des arrérages et de la puissance de libération.

10,800,000 fr.

Durée de la libération.

12 années 6 mois 18 jours.

*Somme des jouissances, à l'achèvement de la libération *.*

1,080,100 fr.

---

*Somme des dépenses, à l'achèvement de la libération **.*

1,080,100 fr.

Balance entre le compte des jouissances et le compte des dépenses.

A l'achèvement de la libération, le compte des jouissances balance exactement le compte des dépenses.

* Les 120 millions de l'encaissement de l'emprunt sont calculés ici, pendant 28 années, 6 mois, 18 jours, à l'intérêt du rachat de 8 pour o/o.

* Les 10,800,000 fr. de débours annuels, qui conséquemment se renouvellent tous les ans, sont calculés ici, pendant 28 années, 6 mois, 18 jours, à l'intérêt du rachat de 8 pour o/o.

EMPRUNT COMPARATIF

DE 120 MILLIONS, FAIT AU TAUX D'INTÉRÊT DE 9 POUR 0/0, SUR DES 9 POUR CENT, NÉGOCIÉS ET ÉTEINTS AU PAIR DE 100 FR. POUR 9 FR.

Encaissement de l'emprunt.

120,000,000 fr.

Arrérages de l'emprunt.

10,800,000 fr.

Taux de l'extinction.

Au pair de 100 fr. pour 9 fr.

Taux de l'intérêt de cette base d'extinction.

---

9 pour 0/0.

Puissance de liberation fixée par la loi.

1,200,000 fr.

Somme de libération.

120,000,000 fr.

Durée de la libération.

---

26 années, 8 mois, 19 jours.

Débours pour le service des arrérages et de la puissance de libération.

12,000,000 fr.

*Somme des jouissances, à l'achèvement de la libération *.*

1,200,100 fr.

*Somme des dépenses, à l'achèvement de la libération **.*

1,200,100 fr.

Balance entre le compte des jouissances et le compte des dépenses.

A l'achèvement de la libération, le compte des jouissances balance exactement le compte des dépenses.

* Les 120 millions de l'encaissement de l'emprunt, sont calculés ici, pendant 26 années, 8 mois, 19 jours, à l'intérêt du rachat de 9 pour o/o.

** Les 12 millions de débours annuels, qui conséquemment se renouvellent tous les ans, sont calculés ici, pendant 26 années, 8 mois, 19 jours, à l'intérêt du rachat de 9 pour o/o.

CONCLUSION.

Il résulte de ces exemples que, dans tous, le compte des jouissances balancerait le compte des dépenses, ce qui, au surplus, aurait de même lieu avec toutes les combinaisons qui reposeraient sur des prix de négociations et d'extinction, au pair des rentes, qu'on prendrait pour valeur d'emprunt; ces choix devraient dès-lors être principalement influencés par les considérations de convenances.

De la part proportionnelle que chaque contribuable aura à supporter dans la perte qu'occasionera l'emprunt de 120 *millions fait sur des* 5 *pour cent, négociés à* 84 *fr. pour* 5 *fr. et éteints à* 92 *fr. pour* 5 *fr.*

Les cotes foncières, y compris les centimes additionnels, mais dégagées de l'impôt des patentes, donnent une somme de secours pour l'État de

300,758,684 fr.

La perte que l'emprunt de 120 millions occasionera à l'ensemble des contribuables sera, ainsi que nous l'avons vu ci-dessus, de

105,320,000 fr.

D'où il résulte que proportionnellement chaque cote de 100 francs supportera dans cette perte une part de

35 fr. 0 c.

Voici, d'après cette donnée, la part proportionnelle de perte qu'aura à supporter chaque nature de cote

De 20 fr.	. . . . . .	7 fr. » c.
De 40 fr.	. . . . . .	14 fr. » c.
De 60 fr.	. . . . . .	21 fr. » c.
De 80 fr.	. . . . . .	28 fr. » c.
De 100 fr.	. . . . . .	35 fr. » c.
De 200 fr.	. . . . . .	70 fr. » c.
De 300 fr.	. . . . . .	105 fr. » c.
De 500 fr.	. . . . . .	175 fr. » c.
De 1000 fr.	. . . . . .	350 fr. » c.

Des bases de convenances pour les contribuables dans leur choix de se soumettre aux conséquences des emprunts, ou, de préférence, de subvenir par des débours immédiats suffisans aux besoins de l'État.

Ainsi que nous venons de l'indiquer, les cotes foncières, y compris les centimes additionnels, mais dégagés de l'impôt des patentes, donnent à l'état une somme de secours de

300,758,684 fr.

Si les 120 millions que le gouvernement se procure aujourd'hui par emprunt, avaient du lui rentrer par voie de taxes foncières, chaque cote de 100 fr. aurait du concourir, proportionnellement à ce secours, pour une somme de

39 fr. 91 c.

Dans les combinaisons de l'emprunt fait sur des 5, négociés à 84 fr. pour 5 fr., les débours annuels pour le service des arrérages et de la puissance de libération doivent être de

8,259,000 fr.

Dans cette combinaison, ladurée de la libération, fondée sur rachats à taux intermédiaires, entre le taux constitué et le taux de négociation, devra être de

36 années, 8 mois, 4 jours.

Proportionnellement à ces données, chaque cote de 20 francs aura à supporter pour le service des arrérages et de la puissance de libération une somme annuelle de

55 centimes.

En partant de ces bases, et en supposant que les contribuables soient les plus aptes pour se prononcer s'il leur serait moins dommageable de supporter la charge de l'emprunt que de satisfaire immédiatement par surtaxe le besoin que cet emprunt est destiné à couvrir, on pourrait, avant toute tentative d'emprunt, soumettre cette question aux contribuables à côte de 20 fr., ou à cote plus élevée, mais proportionnellement.

On vous laisse le choix de l'une ou de l'autre de ces deux directions.

Ou donnez-nous immédiatement une somme

de 7 fr. 98 c., par chaque chiffre de cote de 20 fr., somme de 7 fr. 98 c. dont nous vous donnerons quittance absolue avec promesse de ne plus, par suite, vous faire aucune nouvelle demande à ce sujet.

Ou si vous y trouvez plus de convenance, et y avez plus d'intérêts, consentez à nous payer, pendant 36 années et demie, chaque année, par chaque chiffre de cote de 20 fr., une somme de

55 centimes.

Dans le cas de refus de la part des contribuables à un débours immédiat, on dirait simultanément aux capitalistes à spéculation ou à placement: donnez-nous une somme de 120 millions, et en échange nous vous payerons chaque année pendant trente-six et demie années une somme de 8,259,000 francs. Par suite de telles données, d'un côté les contribuables, de l'autre les capitalistes à spéculation ou à placement, seraient en état de répondre d'une manière positive à ces questions.

Et en effet en définitive, un emprunt de 120 millions, fait sur des 5 pour cent, négocié à 84 fr. pour 5 fr., et éteint à 92 fr. pour 5 fr, n'est qu'un déplacement d'intérêts personnifiés. Les débiteurs réels de ce débours envers le gouvernement, ce sont toujours les contribuables; à défaut de possibilité ou de volonté de la part des contribuables de satisfaire à ces besoins, les débiteurs qu'on substitue aux contribuables ce sont les capitalistes à spéculation ou à placement.

Dans l'espèce, le gouvernement aurait donc pu commencer par dire à chaque contribuable, ayant cote de 20 fr. ou plus, sauf le changement proportionnel de chiffre: donnez nous immédiatement 7 fr. 98 c. Alors nos besoins seront satisfaits, et je ne réclamerai plus rien de vous à ce sujet.

Mais autrement vous aurez à faire annuellement, pour subvenir à la rigueur de l'emprunt, que nous allons faire pour satisfaire notre besoin, une somme de

55 centimes.

RÉSUMÉ.

On peut conclure des données et des explications renfermées dans cet écrit,

1° Que dans les emprunts faits à l'intérêt de 5 pour o/o sur des 5 pour cent, négociés et éteints au pair; dans les emprunts faits à l'intérêt de 6 pour o/o sur des 6 pour cent, négociés et éteints au pair; dans les emprunts faits à l'intérêt de 7 pour o/o sur des 7 pour cent, négociés et éteints au pair; dans les emprunts faits à l'intérêt de 8 pour o/o sur des 8 pour cent, négociés et éteints au pair; enfin, dans les emprunts faits à l'intérêt de 9 pour o/o sur des 9 pour cent négociés et éteints au pair, la somme des jouissances balance numériquement, à l'achèvement de la libération, la somme des débours.

2° Que par suite, pour le gouvernement emprunteur, les meilleures combinaisons d'emprunt seront toujours d'emprunter sur des valeurs négociées et éteintes au pair ;

3° Que toutefois, sous le rapport des convenances, parmi les emprunts soumis à cet ordre de combinaisons, ceux-là mériteront la préférence dont le taux de l'intérêt de la valeur d'emprunt serait moins élevée et dépasserait moins le taux de l'intérêt légal ou conventionnel;

4° Que tout emprunt à augmentation de capital, c'est-à-dire fait à un taux d'intérêt supérieur à celui de la valeur d'emprunt, devrait être impitoyablement proscrit par le gouvernement emprunteur, parce que, sans exception, ils sont tous dommageables pour l'Etat, et ne diffèrent, sous cet aspect, que dans le plus ou le moins d'importance de ce dommage.

5° Que si les emprunts remboursables ou les emprunts amortissables sans augmentation de capital, n'attiraient pas assez de capitaux spéculateurs ou de capitaux à placement, il faudrait, avec discrétion, augmenter l'appât par des combinaisons de primes, de lots, ou tous autres, ressortissant plus ou moins des jeux de hasard, qu'on pourrait au surplus combiner de telle manière qu'il en résultât pour l'Etat des avantages directs ou indirects, matériels et de conséquence;

6° Que, dans tous les cas, en proposant l'emprunt de 120 millons, on pouvait être assuré d'avance que la perte que devait occasioner cet emprunt de 120 millions, serait d'autant plus considérable, que le chiffre de son prix d'adjudication serait moins élevé.

7° Qu'enfin, cette perte assurée d'avance, n'aurait pu être moindre que celle de l'emprunt du ministère, dit déplorable, qu'autant que son chiffre de prix d'adjudication aurait été au-dessus de 83 fr. pour 5 fr., ce qui a eu lieu, mais dans une proportion bien minime.

ARMAND SÉGUIN.

TABLE.

FIN DE LA TABLE.

www.ingramcontent.com/pod-product-compliance
Ingram Content Group UK Ltd.
Pitfield, Milton Keynes, MK11 3LW, UK
UKHW020405220726
13923UKWH00004B/1760